D1506534

TRUCS POUR MIEUX DORMIR

LES ÉDITIONS QUEBECOR INC.
7, chemin Bates
Bureau 100
Outremont (Québec)
H2V 1A6

© 1994, Les Éditions Quebecor, Denis Lévesque
Dépôt légal, 2e trimestre 1994

Bibliothèque nationale du Québec
Bibliothèque nationale du Canada
ISBN: 2-89089-620-X

Éditeur: Jacques Simard
Coordonnatrice à la production: Dianne Rioux
Conception de la page couverture: Bernard Langlois
Photo de la page couverture: Réflexion Photothèque
Correction d'épreuves: Jocelyne Cormier

Infographie : Composition Monika, Québec
Impression: Imprimerie L'Éclaireur

TRUCS POUR MIEUX DORMIR

DENIS LÉVESQUE

Les Éditions Quebecor

Données de catalogage avant publication (Canada)

Lévesque, Denis, 1947-

  Trucs pour mieux dormir

  ISBN 2-89089-620-X

  1. Insomnie - Traitement. 2. Sommeil - Rituels.
I. Titre.

RC548.L48 1994   616.8'498   C94-940720-8

TABLE DES MATIÈRES

Dormir est un droit, pas un luxe ...   9

Comment dormez-vous?   17

Dormez-vous assez?..................   25

Vive les siestes!   28

Des trucs pour vous endormir   30

L'insomnie   37

Conseils aux insomniaques   45

Un exercice de détente   57

La lumière au secours
des insomniaques   64

Vieillissement et insomnie
ne vont pas de pair   67

Le manque de sommeil serait
responsable de nombreux
retards scolaires........................   71

Ne comptez plus les moutons   75

Ronfler, un problème de santé ...   77

Des rêves révélateurs   87

Pourquoi les hommes s'endorment-ils
  après l'amour?.......................... 89
Avant de consulter votre
  médecin................................... 91

DORMIR EST UN DROIT, PAS UN LUXE

Même si nous passons le tiers de notre vie à dormir, il est toujours surprenant de constater que le sommeil est encore un mystère bien gardé.

C'est que le sommeil est un phénomène très complexe et multidimensionnel qui, à beaucoup de points de vue, présente une diversité équivalente à celle de l'état de veille.

Autrefois, on comparait le sommeil à une inconscience semblable à la mort. Cette théorie est aujourd'hui dépassée, tout comme celle du physiologiste russe Ivan Pavlov selon laquelle toutes les activités du cerveau sont suspendues pendant le sommeil. Les chercheurs sont arrivés à établir que le cerveau est tout aussi actif pendant le sommeil que pendant la veille.

Dormir est un état naturel pour tous les organismes vivants.

Voici à quoi ressemble la nuit habituelle du dormeur normal. Avant même de se mettre au lit, l'être humain commence à sentir approcher le sommeil et son corps manifeste des signes de cette approche. Il est possible qu'il bâille quelques fois en poursuivant ses activités. C'est là une tentative du corps d'aspirer une plus grande quantité d'oxygène, dans un effort de rendre de la vigueur à l'organisme pour lui permettre de lutter contre le sommeil.

Dès qu'il se met au lit, des changements se produisent dans le corps avant même que le sommeil proprement dit ne commence. La température du corps baisse et les ondes cérébrales prennent une forme caractéristique nommée *rythme alpha*. Des pensées vagues, sans consistance, traversent l'esprit. Enfin, il bascule inconsciemment de l'état de veille au sommeil.

Le corps passe alors, pendant une brève période, par la phase I. Les battements du cœur ralentissent, les muscles se détendent et le souffle devient très régulier. Les ondes alpha disparaissent et des pensées sans objet passent librement par l'esprit. Elles sont, le plus souvent, rattachées à ce qu'il pensait juste avant de s'endormir. Il n'est pas rare que le dormeur se réveille en sursaut au cours de cette période, à cause d'une secousse myoclonique, c'est-à-dire d'un spasme qui saisit la majeure partie de la musculature. C'est un incident normal qui, bien souvent, ne réveille pas le dormeur entièrement. Il poursuit son sommeil comme si rien ne s'était passé.

Après seulement quelques minutes, il passe à la phase II. Des pensées et des images fragmentaires traversent l'esprit. L'activité cérébrale est chaotique. Il est possible que les yeux se déplacent lentement de haut en bas et si le dormeur se réveille durant cette phase, il aura conscience qu'il a dormi.

Au cours de la phase III, le sommeil devient encore plus profond, le corps se détend davantage et la respiration continue de ralentir. La tension artérielle et la température baissent. Des ondes delta apparaissent au rythme d'environ une par seconde. On se réveille difficilement au cours de cette phase.

Le dormeur parvient ensuite à la phase IV, la phase la plus profonde du sommeil. Les ondes delta se succèdent alors de façon lente et régulière. Si le dormeur se réveille, il lui faudra plusieurs secondes pour s'orienter. La plupart des phénomènes de somnambulisme se produisent au cours de cette phase.

Après la phase IV, le corps commence

à subir des changements importants. Les yeux commencent à bondir sous les paupières. C'est le sommeil que les spécialistes appellent *sommeil REM* pour *Rapid eyes movement* ou, en français, *sommeil AMOR* pour *sommeil avec mouvements oculaires rapides*. On l'appelle aussi *sommeil paradoxal*. La respiration et les battements du cœur deviennent plus rapides et la tension artérielle monte.

Le cerveau est alors plus actif et les rêves surviennent. Les muscles du corps deviennent si flasques que le dormeur se retrouve dans un état semblable à la paralysie. Les rêves du sommeil *AMOR* ont tendance à être très vifs, avec une image nette et une action cohérente.

Les rêves font dépenser beaucoup d'énergie au cerveau. Pourtant, ils sont essentiels à la santé et facilitent le stockage de l'information.

Quant à ceux qui affirment ne pas rêver, ils rêvent bien sûr, comme tout le monde, mais ne s'en souviennent pas. Ceux qui disent rêver beaucoup sont en général de mauvais dormeurs. S'ils se souviennent de leurs rêves, c'est qu'ils se réveillent souvent.

Après la première période *AMOR,* le dormeur passe de nouveau par les phases II, III et IV pour revenir à *AMOR*. Ce schéma cyclique se poursuit tout le reste de la nuit, de quatre à six fois, avec des périodes *AMOR* devenant toujours plus longues et les phases III et IV de plus en plus courtes.

Au cours de la nuit, le corps change de position un grand nombre de fois, généralement entre 20 et 45 fois. La plupart de ces changements se produisent lorsque le dormeur passe d'une phase à une autre.

Enfin, après six, huit ou dix heures de sommeil, selon les dormeurs, il y a un réveil naturel qui se fait en douceur, à moins qu'il ne soit provoqué par un bruit extérieur, par exemple un réveille-matin.

Le meilleur critère pour juger de la qualité du sommeil réside dans la sensation d'être parfaitement reposé au réveil.

COMMENT DORMEZ-VOUS?

«Dis-moi comment tu dors, et je te dirai qui tu es.» Telle pourrait être, en bref, la théorie du docteur Samuel Dunkell, un psychiatre de New York qui s'est intéressé aux positions que notre corps adopte au cours de la nuit.

«Pendant notre sommeil, nous vivons le drame de notre vie, exprimant par notre corps nos joies et nos chagrins, nos passions et nos haines, explique le docteur Dunkell. Dans le monde de la nuit, chacun de nous devient le mime de sa propre histoire.»

Le monde de la nuit, et les rêves en particulier, fait l'objet, depuis Freud, d'études approfondies de la part des psychiatres et des psychanalystes. Mais le docteur Dunkell s'est particulièrement intéressé aux différentes positions que prend le corps humain pendant son sommeil.

Il a commencé ses recherches lorsqu'une jeune femme lui a expliqué qu'elle dormait sur le ventre et en travers du lit, ne laissant aucune place à quiconque. Or, il s'est avéré qu'elle agissait de même dans sa vie diurne, en ce qui concernait particulièrement ses relations avec les hommes.

«Il m'a été difficile de comprendre et d'admettre qu'il existait cet univers à part, déclare le docteur Dunkell. Mais la façon dont une personne dort révèle la façon dont elle vit.»

Ainsi, si vous dormez sur le dos, c'est la position «royale». Cela indique que vous vous sentez le roi – ou la reine – du monde du sommeil et également de celui du grand jour.

Si vous dormez recroquevillé, dans la position fœtale, cela révèle que vous avez peur de vous laisser aller complètement, d'éprouver les joies et les peines de la vie. Par votre position, vous recherchez la protection que vous connaissiez lorsque vous vous trouviez dans l'utérus de votre mère.

Le docteur Dunkell note que certaines personnes changent leur position de sommeil après avoir réglé leurs problèmes dans la vie de tous les jours.

La position explique aussi beaucoup de choses dans la vie des couples. Ils se disent des choses qu'ils ne peuvent se dire lorsqu'ils sont éveillés.

Pour le docteur Dunkell, la position la plus romantique pour un couple est celle de l'étreinte, où les deux personnes se font face. La position la plus courante est cependant celle de la «cuiller», c'est-à-dire dos contre face, rappelant la façon dont on range les cuillers dans un tiroir.

Lorsqu'un mariage prend de l'âge, les époux ont tendance à dormir de plus en plus éloignés l'un de l'autre. Selon le psychiatre, c'est tout à fait normal. Mais lorsque l'un des partenaires dort de plus en plus loin de l'autre, c'est alors un signe de refroidissement intentionnel. Il transmet ainsi à l'autre un certain message.

Le docteur Dunkell note également qu'un homme ou une femme dont le conjoint est fréquemment absent dort mieux lorsqu'il se met à la place habituelle occupée par celle, ou celui, qui est absent. Cela exprimerait une volonté de rétablir le contact.

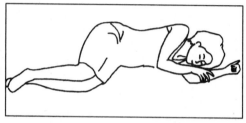

1- Voici la position la plus fréquemment adoptée par les humains pour dormir. Elle laisse supposer que vous avez une personnalité assez bien équilibrée et que vous affrontez la vie sans crainte mais aussi sans trop d'audace.

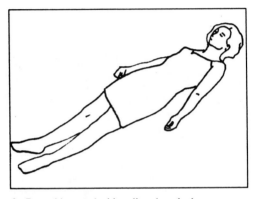

2- En position royale, bien allongé sur le dos, vous manifestez que vous avez une assez bonne opinion de vous-même. Si quelqu'un vous dit que vous avez un tempérament autoritaire, il ne se trompe guère.

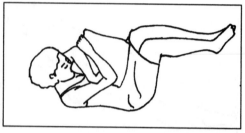

3- Si vous dormez recroquevillé, replié sur vous-même, cela dénote un sentiment d'insécurité et de prudence. Vous avez peur de vous laisser aller complètement et la vie vous fait un peu peur.

DORMEZ-VOUS ASSEZ?

Plus de 100 millions d'Américains et de Canadiens ont oublié qu'une bonne hygiène de vie réclame approximativement huit heures de sommeil par nuit et bon nombre d'entre eux deviennent de véritables somnambules. Tel est le constat dressé par James Mass, de l'Université Cornell de New York, qui a étudié le comportement de ses compatriotes.

Beaucoup de gens, explique M. Mass, se privent d'une ou de deux heures de sommeil par nuit et ce déficit, additionné, représente une nuit de sommeil par semaine. «Si vous avez besoin d'un réveil pour vous réveiller le matin, si dans la journée vous avez besoin d'une sieste pour être efficace dans votre travail, c'est que vous avez besoin de dormir davantage... la nuit.»

Le manque de sommeil a des conséquences multiples : on ne prend plus d'initiatives, l'attention n'est plus soutenue, on est distrait, fatigué et on fait des erreurs de jugement. James Mass n'hésite pas à affirmer que le manque de sommeil coûte à l'économie du pays plusieurs milliards de dollars par an parce que les «zombis» travaillent moins et sont plus souvent malades. Une étude a évalué la perte à quelque 80 milliards de dollars.

Selon le ministère américain des Transports, le manque de sommeil serait également responsable de plus de 200 000 accidents d'automobile par année.

On a de plus remarqué que les gens qui travaillent la nuit sont beaucoup plus exposés aux problèmes cardiaques et aux gastro-entérites. Les risques, dans leur cas, sont multipliés par deux.

M. Mass estime de plus que le manque de sommeil peut coûter jusqu'à dix années de vie.

Ronger ses nuits, c'est ronger sa vie.

VIVE LES SIESTES!

Pour augmenter la productivité de leurs employés, les patrons devraient leur permettre de faire une courte sieste au milieu de la journée. Il est prouvé qu'après ce petit moment de repos, le travailleur possède une meilleure acuité visuelle, que ses mouvements sont plus précis et que son cerveau est plus rapide. Comment expliquer ce phénomène? Tout simplement parce que notre cerveau est muni d'une fonction biologique – une sorte d'horloge interne – qui fait diminuer notre vigilance de façon importante à certains moments. Les mécanismes exacts ne sont pas connus, mais les chercheurs croient qu'une hormone particulière s'accumule dans notre système durant la journée et favorise, à un moment donné, le déclenchement du sommeil. Une petite sieste et tout rentre dans l'ordre!

DES TRUCS POUR VOUS ENDORMIR

Votre chambre doit être sombre et bien aérée. Consacrée au sommeil, elle ne devrait pas être un lieu où l'on regarde la télévision, où l'on mange. Aucun stress ne devrait être relié à la chambre.

* * *

Quand vous réussissez à vous endormir, dormez autant qu'il le faudra pour vous permettre de récupérer, ni plus ni moins. Certaines personnes n'ont besoin que de six heures de sommeil par nuit, alors que d'autres doivent absolument dormir durant dix heures pour se réveiller en forme.

* * *

Après une journée d'intense activité ou de stress, adonnez-vous à une activité reposante pendant quelques heures, comme la lecture, la télévision, un jeu de cartes, les mots croisés, etc.

* * *

Évitez toutefois les films violents ou d'horreur, les romans à suspense.

* * *

Couchez-vous et réveillez-vous toujours à la même heure. Si vous êtes sujet à l'insomnie, éliminez de votre vie les événements qui risqueraient de déranger votre programme de sommeil.

* * *

Faites de l'exercice tous les jours, mais évitez de le faire avant de vous coucher. Le corps a besoin de ralentir son rythme avant de sombrer dans le sommeil.

* * *

Assurez-vous que votre chambre est à l'abri des bruits excessifs. Même si ceux-ci ne vous réveillent pas, ils vont perturber votre sommeil.

* * *

Gardez votre chambre à une température raisonnable. L'idéal serait aux environs de 18 °C ou 20 °C.

* * *

Évitez de prendre des somnifères. Vous pourriez vous y habituer et, à la longue, votre sommeil en serait perturbé.

* * *

Évitez la caféine. Même si cela ne vous empêche pas de dormir, votre sommeil peut être perturbé. Sachez qu'il y a de la caféine dans le café bien sûr, mais aussi dans le chocolat, dans certaines boissons gazeuses, dans les antihistaminiques et dans les analgésiques.

* * *

Évitez l'alcool, même si vous croyez que cela vous aide à vous endormir. Après un court effet sédatif, l'alcool entraîne un sommeil très léger constamment entrecoupé d'éveils. De plus, il y a risque d'accoutumance.

* * *

Si vos voisins sont bruyants, utilisez des boules Quiès pour les oreilles.

* * *

Faire l'amour détend les muscles et favorise le sommeil. Mais ça, c'est bien connu!

L'INSOMNIE

On peut définir l'insomnie comme étant le manque de sommeil habituel, des difficultés chroniques à s'endormir et un problème qui ne semble jamais vouloir prendre fin. L'insomnie se manifeste progressivement. On prend d'abord plus de temps à s'endormir lorsque l'on se couche, on se réveille au beau milieu de la nuit sans être capable de se rendormir et on finit par constater que ce manque de sommeil occasionne des problèmes de concentration et d'efficacité au travail. Mais cela va encore beaucoup plus loin. L'activité de l'insomniaque durant la nuit trouble le repos des autres membres de la famille, ce qui se répercute sur leur comportement une fois le jour venu : leur productivité s'en voit affectée à l'école aussi bien qu'au bureau.

Selon le docteur William C. Dement, fondateur de la Clinique des désordres du sommeil de l'Université Stanford aux États-Unis, il existe au moins cent raisons pour lesquelles on ne peut s'endormir. Il est, par conséquent, impossible de donner à toutes les insomnies la même explication et le même traitement.

Si la plupart des insomnies sont le fait d'un déséquilibre psychosomatique dû aux agressions que subit l'individu dans notre société industrialisée, certaines autres sont le fait d'états pathologiques beaucoup plus graves qui relèvent du domaine médical. Ce sont aux premières que nous nous intéresserons ici.

«Je veux dormir, je veux dormir!»

Voici à quoi ressemble la nuit de l'insomniaque. En se couchant, il se couvre jusqu'au menton et recherche la position idéale pour dormir. Les préoccupations de la journée lui trottent dans la tête ou encore il pense à ce que lui réserve la journée du lendemain. S'il s'y rattache quelque appréhension, il est possible que l'inquiétude ou la tension se manifestent. Après quelques minutes, il commence à s'agiter un peu, puis de plus en plus à mesure que le temps passe. Il cherche une position confortable sur le dos, sur le ventre, sur le côté et ne peut la maintenir que quelques instants.

Les pensées moroses font place à l'obsession de son incapacité de dormir. Plus le temps passe, plus la nervosité augmente, ce qui éloigne le sommeil encore plus.

Lorsque l'on commence à se faire du souci, le moment critique est atteint. L'inquiétude aggrave le problème et un cercle vicieux s'établit. L'insomniaque n'a parfois rien d'autre à craindre que la crainte de l'insomnie. Il faut donc, le plus tôt possible, briser ce cercle.

Les somnifères n'y feront rien

L'insomnie ne se soigne pas en faisant usage de façon inconsidérée de somnifères mais, beaucoup plus simplement, en apportant quelques modifications à nos habitudes de vie.

Selon M. William Orr, psychologue et directeur de la clinique des désordres du sommeil à l'hôpital d'Oklahoma, les médecins ne savent tout simplement pas qu'il y a d'autres moyens de soigner ces désordres. C'est pourquoi plusieurs personnes se croient insomniaques lorsqu'elles se couchent et attendent des heures avant de trouver le sommeil. Si elles se couchaient un peu plus tard, elles s'endormiraient tout de suite et leur insomnie disparaîtrait. De même, s'il faut attendre 15 ou

20 minutes avant de s'endormir, le professeur Orr suggère de se relever, d'aller dans une autre pièce ou de lire jusqu'à ce que le sommeil semble venir.

Les insomniaques ne devraient jamais faire de sieste au cours de la journée et se lever à des heures irrégulières. Les gens cherchent trop souvent à se lever plus tard s'ils se sont couchés tard. Or, la nuit suivante, le sommeil ne vient pas aussi facilement. Une fois le rythme habituel brisé, l'on entre dans un cercle vicieux et il est difficile de reprendre une bonne habitude.

M. Orr ne croit pas au rythme des huit heures de sommeil. Les besoins des gens sont très variables. Si certains peuvent se contenter de six heures de sommeil par nuit et être en excellente forme, d'autres ne seront complètement efficaces que s'ils ont dormi au moins dix heures. À chacun d'être conscient de ses besoins.

Une autre découverte récente dans le domaine révèle qu'il est très dommageable de se lever la nuit et de fumer une cigarette si l'on ne parvient pas à s'endormir.

Des chercheurs de l'Université de la Pennsylvanie ont découvert qu'il existe un lien entre la consommation de tabac et l'insomnie. Leurs études montrent en effet que la nicotine est un stimulant qui augmente la production de catécholamine qui, à son tour, augmente la tension et le rythme cardiaque. C'est exactement l'effet contraire qu'il faut rechercher pour trouver le sommeil.

Les ressources dont notre organisme dispose sont encore le meilleur moyen de rétablir les rythmes du sommeil quand ceux-ci ont été perturbés. La maîtrise du sommeil, c'est d'abord et avant tout la maîtrise de soi. Seule la maladie peut constituer une entrave à la restitution du sommeil.

CONSEILS AUX INSOMNIAQUES

Avant de lire et de mettre en pratique les conseils qui suivent, relisez le chapitre intitulé «Des trucs pour vous endormir». Il contient les informations de base pour aspirer à une bonne nuit de sommeil. Vous devez en tenir compte.

* * *

Mettez-vous au lit uniquement lorsque vous vous endormez ou que vous êtes fatigué.

* * *

N'utilisez votre lit que pour dormir (seule exception à la règle : les activités sexuelles).

* * *

Réglez votre réveille-matin toujours à la même heure et levez-vous dès qu'il sonne, même si vous n'avez pas assez dormi. Cela aidera votre organisme à se créer une routine de sommeil et votre corps réglera son mécanisme intérieur sur cette horloge que vous ajusterez à votre goût.

* * *

Tournez votre réveil vers le mur pour résister à l'envie de compter les heures.

* * *

Faites de l'exercice au cours de la journée. Mais attention : il faut le faire au moins deux heures avant de se coucher et, si possible, encore plus tôt. Les exercices ont un effet à la fois stimulant et sédatif. Mais leur effet sédatif prend plusieurs heures avant de se manifester.

* * *

La plupart des spécialistes du sommeil s'accordent pour dire que l'activité sexuelle est soporifique. Elle ne l'est toutefois que si elle prend un aspect positif. Pour certaines personnes, la sexualité est une source d'anxiété. C'est donc seulement si vous prenez goût à faire l'amour et si vous vous sentez détendu et content après, que vous aurez des chances que vos problèmes d'insomnie s'atténuent.

* * *

Ne faites pas de sieste dans la journée. Si l'envie vous en prend, appréciez combien il est bon de se sentir fatigué, relaxé et prêt au sommeil. Cela vous aidera quand viendra le temps de vous coucher.

* * *

Utilisez la privation de sommeil de manière positive pour réinstaller votre rythme de sommeil normal.

* * *

Pour certains insomniaques, un léger goûter (pomme, fromage, yogourt) avant le coucher peut être fort bénéfique. Si vous ne voulez pas en prendre l'habitude, gardez un fruit sur votre table de nuit pour ne pas avoir à vous lever si la fringale vous prend.

* * *

La caféine n'est pas une cause d'insomnie mais peut certainement aggraver celle-ci. L'action stimulante de la caféine atteint son maximum deux à quatre heures après avoir été absorbée. Le sommeil de la nuit peut se ressentir des effets du café même sept heures avant l'heure du coucher. Sachez aussi que même des boissons inoffensives comme le chocolat contiennent de la caféine.

* * *

Évitez de trop boire avant de vous mettre au lit. Cela pourrait vous obliger à vous lever au beau milieu de la nuit et risquerait de vous empêcher de vous rendormir.

* * *

Par contre, le calcium contenu dans le lait joue, selon certains auteurs, un rôle sédatif. Avant de vous coucher, ou si vous ne réussissez pas à vous endormir, prenez une tasse de lait tiède ou chaud.

* * *

On prête au tilleul, à la camomille et à la fleur d'oranger des vertus somnifères. Une tisane avant la nuit pourrait être bénéfique. Cela favorise aussi la digestion si vous avez pris un repas trop copieux.

* * *

Essayez de faire le vide dans votre esprit en vous concentrant sur les changements qui interviennent dans votre corps.

* * *

En vous couchant, faites de la relaxation progressive. C'est une technique qui consiste à contracter puis à relâcher successivement tous les muscles de votre corps.

* * *

Faites aussi de la relaxation mentale. Il s'agit d'imaginer une scène calme et plaisante de façon aussi détaillée que possible. Cette technique vous évite d'être perturbé par des pensées évocatrices d'anxiété.

* * *

Compter des moutons, ce n'est pas si bête comme méthode! Ce n'est pas l'environnement pastoral des moutons qui vous endormira, mais cette image empêchera votre esprit de se concentrer sur les événements inquiétants de votre existence.

* * *

Apprenez quelques exercices de yoga susceptibles de diminuer votre tension musculaire. Par exemple, allongez-vous sur le dos, les jambes tendues et les bras le long du corps et fermez les yeux. Concentrez-vous sur votre respiration en inspirant et en expirant profondément, c'est-à-dire à pleins poumons. Vous vous apercevrez ainsi qu'il est beaucoup plus facile de relaxer et vous sentirez vos muscles se relâcher.

* * *

S'il vous est impossible de vous endormir, ne restez pas couché. Levez-vous et faites quelque chose jusqu'à ce que le sommeil vous gagne.

* * *

Surtout, pas de pensées sombres. S'inquiéter parce qu'on ne réussit pas à s'endormir ne fait qu'empirer le problème.

UN EXERCICE DE DÉTENTE

La respiration joue un rôle de grande importance par rapport à la fonction nerveuse. Voilà pourquoi la première chose à faire est de permettre à vos cellules nerveuses de respirer. Voici comment il vous faut procéder.

Une question de respiration

Étendu sur le dos, les bras le long du corps, les muscles complètement relâchés, les paumes des mains sur le sol et les yeux fermés, inspirez lentement par le nez en soulevant lentement l'abdomen.
Dilatez ensuite la partie moyenne de

la poitrine sans rentrer le ventre. Toujours en continuant l'inspiration, faites un effort en soulevant légèrement les épaules pour faire passer l'air au sommet des poumons. Conservez l'air deux ou trois secondes, puis expirez par le nez en rentrant le ventre par une contraction musculaire à la fin de l'expiration. Pratiquez cette simple technique pendant une semaine avant de passer à l'étape suivante.

Comptez mentalement les secondes pendant l'inspiration. Conservez l'air la moitié du temps que vous avez maintenu l'inspiration. Ainsi, si vous avez inspiré pendant huit secondes, gardez l'air pendant les quatre secondes suivantes, puis recommencez.

L'étape suivante consiste à se placer debout, le buste penché vers l'avant, les pieds réunis mais les jambes souples, les bras décontractés et pendants.

Redressez-vous lentement en inspirant par le nez jusqu'à ce que vos bras soient à la verticale. Conservez l'air pendant deux ou trois secondes et demeurez immobile. Fléchissez ensuite le buste vers l'avant en expirant doucement par le nez, en vous efforçant de décontracter tous les muscles de votre corps.

La respiration complète a pour effet de masser, par le jeu de votre diaphragme, l'un des centres nerveux les plus importants du corps, le plexus solaire. La détente qui en résulte se communique à votre système nerveux central et vos nerfs tendus s'en trouvent apaisés.

Il vous faut maintenant apprendre à décontracter chaque groupe de muscles de votre corps. Ne faites pas cet exercice avant de vous coucher. Faites-le plutôt au cours de la journée, de préférence avant le souper.

Une question de relaxation

Allongé sur le dos, la tête et les mollets bien soutenus, vos bras reposent mollement le long de votre corps. Vos mains sont à demi ouvertes et sont soutenues par les paumes. Vos jambes sont étendues et légèrement écartées. Fermez les yeux et faites l'effort de ne pas bouger pendant les quinze ou vingt minutes que durera la séance de relaxation.

Respirez doucement par le nez en des mouvements lents et uniformes, sans faire d'effort. Pensez à rendre votre corps lourd, à décrisper vos yeux et vos mains, à ne pas contracter les traits de votre visage. Au bout de trois minutes environ, vous ne devriez plus penser à votre respiration.

Vous pensez alors à votre visage, à votre front et à vos yeux pour les décrisper, puis à votre bouche qui reste fermée sans effort et laisse flotter un sourire intérieur. Vous sentirez votre visage s'emplir de sérénité.

La respiration est devenue plus calme, le pouls s'est ralenti. Vous allez maintenant penser à tous les muscles de votre corps pour les détendre les uns après les autres.

Passez de vos mains à vos avant-bras et à vos bras qui doivent peser sur le sol de chaque côté de votre corps. Pensez ensuite à vos épaules qui appuient, elles aussi, sur leur partie arrière. Passez à la nuque et aux muscles de votre cou, ceux de l'arrière et ceux de l'avant.

Faites descendre la décontraction sur votre poitrine puis, dans une propagation circulaire, communiquez-la à votre dos. Pensez à votre ventre pour le décontracter. Tout le haut de votre corps devrait maintenant peser lourd.

Dirigez maintenant vos pensées sur vos pieds que vous décontractez et remontez le long de vos jambes, de vos mollets, de vos genoux, de vos cuisses et de vos hanches que vous sentirez s'alourdir.

Au début, n'essayez pas d'aller trop vite. La relaxation complète devrait vous prendre de douze à quinze minutes. De jour en jour, accélérez votre rythme et vous parviendrez à faire l'exercice complet en deux ou trois minutes avec l'habitude. Vous pourrez alors la pratiquer où et quand bon vous semblera et obtenir, chaque fois, une relaxation maximale.

Si vos problèmes d'insomnie sont reliés au stress, ils pourraient se régler rapidement.

LA LUMIÈRE AU SECOURS
DES INSOMNIAQUES

Une équipe de chercheurs de l'université australienne de Flinders a présenté une étude peu banale pour lutter contre l'insomnie. Elle a exposé des patients dont le sommeil était fragile à une lumière intense en début de soirée, afin de remettre leur horloge biologique à l'heure.

Au bout de deux jours de traitement, les sujets dormaient en moyenne 90 minutes de plus. Le principe repose sur l'étude du rythme biologique, lui-même synchronisé au rythme diurne de la Terre. La température du corps en est un bon moyen de mesure. En principe, elle atteint son niveau le plus bas vers 5 heures et son niveau le plus haut après 18 heures.

Mais chez les personnes qui ont tendance à se réveiller en pleine nuit sans pouvoir se rendormir ensuite, la température la plus basse est atteinte aux environs de minuit.

Les auteurs de l'étude ont exposé leurs patients en début de soirée et jusque peu avant minuit à une forte lumière diffusée à travers un écran. Ils entendaient ainsi leurrer l'organisme de leurs patients pour en élever la température, comme s'il faisait encore jour.

La méthode s'est avérée efficace non seulement à court terme mais aussi à long terme. Il semble que le rythme de leur température était simplement décalé par rapport à l'environnement normal.

VIEILLISSEMENT ET INSOMNIE NE VONT PAS DE PAIR

Les personnes âgées souffrent communément d'insomnie, mais ces troubles ne sont pas liés au vieillissement. L'insomnie chez les 65 ans et plus est généralement due à des problèmes de santé, des troubles émotionnels ou des mauvaises habitudes de sommeil. Pour traiter cette insomnie, on a trop souvent recours aux médicaments ou aux somnifères qui s'avèrent inefficaces et nocifs.

«L'idée reçue selon laquelle nous avons besoin de dormir davantage en vieillissant est erronée, explique le docteur Robert Joynt, du département de santé de l'Université de Rochester.

Ceux qui sont en bonne santé souffrent rarement de troubles du sommeil.»

Plus de la moitié des plus de 65 ans qui vivent chez eux souffrent d'insomnie. Dans les services hospitaliers de long séjour, près des deux tiers des malades dorment mal. Malgré la généralisation de ce phénomène, nombreux sont les médecins qui ignorent encore ce qu'est un sommeil normal et comment combattre l'insomnie.

Oubliez les somnifères

Plusieurs d'entre eux dénoncent l'automédication qui conduit trop de personnes âgées à abuser des somnifères.

«On les utilise pour combattre les symptômes de l'insomnie, explique Israel Hanin, un expert en pharmacologie. Ces médicaments peuvent favoriser le sommeil, mais ils ont des effets secondaires (urinaires, visuels, cardiaques) et ne traitent pas les causes premières de l'insomnie.»

En outre, ils perdent de leur efficacité par un usage prolongé. De tels médicaments peuvent provoquer des problèmes de santé très graves.

Selon le docteur Joynt, les individus modifient leurs habitudes de sommeil en vieillissant, mais ils gardent le même besoin de sommeil. «Chez les personnes âgées, le sommeil nocturne est souvent fragmenté et moins profond, mais elles font souvent une

sieste au cours de la journée pour rat-
traper leur retard.»

Des études ont démontré que les personnes qui disent souffrir d'insomnie
la nuit dorment en fait plus qu'elles
ne le pensent. C'est la fragmentation
de leur sommeil qui leur donne cette
impression désagréable.

LE MANQUE DE SOMMEIL SERAIT RESPONSABLE DE NOMBREUX RETARDS SCOLAIRES

Le sommeil a une place fondamentale dans la vie d'un enfant. On sait aujourd'hui que la privation de sommeil perturbe en profondeur l'apprentissage et la mémoire. Selon le Comité français d'éducation pour la santé, 60 pour cent des enfants qui accusent un retard scolaire ne dorment pas assez.

«Chez les enfants, le sommeil est essentiel, expliquent les experts du C.F.E.S. Il faut veiller, dans la mesure du possible, à les coucher chaque jour à la même heure. Il convient de respecter des rythmes d'endormissement et d'essayer de ne pas perturber les enfants pendant les vingt premières minutes de leur sommeil, car on risque de les replonger dans une période de veille longue et fatigante.»

Les pédiatres s'accordent pour dire que les jeunes enfants ont besoin, en moyenne, de 11 à 13 heures de sommeil par jour, puis d'environ 9 heures à partir de 13 ans.

À tous les âges cependant, on retrouve les couche-tôt et les couche-tard qui ont besoin de plus ou de moins de sommeil. Un enfant grognon, qui bâille et ne participe pas aux activités, ne dort manifestement pas assez.

Créer un rite de sommeil
et de réveil

L'intérêt d'un bon sommeil pour les enfants n'est plus à démontrer, mais sa qualité dépend de ce qu'il aura vécu durant la journée, tout comme la qualité de la journée est conditionnée par celle du sommeil. Il faut veiller à coucher l'enfant à heure fixe en acceptant quelques exceptions les soirs de fête ou de réunions familiales.

Si le moment du coucher doit être ritualisé, celui du réveil est tout aussi délicat. Mieux vaut ne pas extraire l'enfant du lit au dernier moment pour aller à l'école, en croyant lui offrir un supplément de repos. On risque de le réveiller à un mauvais moment de son cycle de sommeil d'où il sortira perturbé et désorienté.

Un réveil plus tôt est parfois plus favorable. S'il n'est pas spontané, on peut l'aider en douceur par les bruits ambiants de la maison qui le sortiront de son sommeil au moment où il devient léger.

NE COMPTEZ PLUS
LES MOUTONS

Si vous avez l'habitude d'écouter de la musique au moment de vous endormir pour couvrir les bruits environnants, voici un petit truc proposé par un chercheur de l'Illinois. Syntonisez votre récepteur-radio au bout de la bande FM là où l'on entend généralement un bruit parasite et concentrez-vous sur ce bruit.

À l'université Northwestern, Ramior Sanchez a procédé au test suivant. Il a demandé à 48 étudiants, garçons et filles, de faire une sieste de deux heures en écoutant ce bruit ou la musique de leur choix. Les résultats furent stupéfiants : les étudiants qui avaient choisi le bruit parasite se sont endormis en moins de quinze minutes et se sont reposés calmement durant 103 minutes. Les autres groupes réunis prirent au moins le double du temps à s'endormir.

RONFLER, UN PROBLÈME DE SANTÉ

Une personne sur quatre ronfle durant son sommeil. Pour comprendre de quelle façon le problème peut être réglé, il faut d'abord en comprendre le mécanisme.

Durant le sommeil, les muscles de la bouche se relâchent. Si vous êtes couché sur le dos, la mâchoire inférieure tombera plus facilement et la bouche s'ouvrira. Le sujet est donc porté à respirer par la bouche, de là le problème.

Les muscles de la bouche et de la gorge se détendront eux aussi et la langue aura tendance à glisser vers le fond de la gorge, obstruant par le fait même le passage de l'air vers les poumons, à un degré plus ou moins grand. À ce moment, le voile du palais, la luette et les piliers sont aussi dépourvus de tonus musculaire. L'air qui pénètre alors dans la bouche entrouverte exerce une certaine pression sur ces parois rendues flasques et les fait vibrer, d'où le bruit émis par le ronfleur. En d'autres mots, le ronflement est le bruit produit par la vibration du voile du palais qui tremble et vibre en heurtant le pharynx. Comme une voile au vent, en somme. La quantité d'air admise par la bouche déterminera l'intensité et la force du ronflement. L'épaisseur des tissus qui vibrent sera responsable de la tonalité et des différences sonores d'un ronflement à l'autre.

Les hommes ronflent plus que les femmes

Trente-cinq pour cent des hommes ronflent et ce pourcentage grimpe à 60 pour cent à l'âge de 40 ans. Curieusement, c'est après la ménopause que les femmes se mettent à ronfler. Pas moins de 40 pour cent d'entre elles ronflent après 50 ans, alors que seulement 15 pour cent de l'ensemble des femmes sont des ronfleuses.

Prétexte aux rires et aux quolibets, le ronflement n'en est pas moins un problème sérieux. Plusieurs mariages ont été brisés parce que l'un des deux conjoints ronflait. D'autres couples, sans aller jusqu'au divorce, se querellent et vont même jusqu'aux coups, parce que le ronflement de l'un empêche l'autre de dormir.

Un bon ronflement peut être aussi bruyant que le passage d'un camion sous la fenêtre de la chambre à coucher. En effet, 10 pour cent des ronfleurs sont entendus jusque dans la pièce voisine. À 25 centimètres du ronfleur, le bruit équivaut à 80 décibels, ce qui représente le bruit de la sonnerie d'un réveille-matin. La respiration humaine normale n'est que de 10 décibels.

Le ronflement indique aussi, souvent, une maladie cardiaque, l'hypertension ou l'apnée du sommeil. Cette dernière manifestation est due à un blocage de la respiration qui dure de 15 à 90 secondes, ce qui suffit à gâcher le sommeil et peut même, parfois, mener à la mort par étouffement.

Les gadgets n'ont aucun effet

De nos jours, toutes sortes de traitements et d'interventions sont proposés aux ronfleurs afin de corriger leur problème. Pour les ronfleurs occasionnels, on suggérera, par exemple, des changements à leur style de vie (réduire leur consommation d'alcool et éviter de manger avant d'aller dormir). Pour les cas plus graves, l'intervention chirurgicale est recommandée.

Mais avant de passer à cette étape ultime, la première chose à faire est de consulter un oto-rhino-laryngologiste qui déterminera si le ronflement est dû à une obstruction nasale ou à une autre partie défectueuse de la gorge ou du nez, facile à corriger par une opération.

Autre élément à considérer : l'obésité. On ne sait trop pourquoi, mais le ronflement et l'apnée du sommeil augmentent avec l'obésité.

On peut aussi obliger le dormeur à se coucher sur le côté plutôt que sur le dos. Il y a des dormeurs positionnels qui ne ronflent que dans cette position. En insérant une balle de tennis dans le dos du pyjama, il lui sera impossible de choisir cette position. Selon plusieurs spécialistes, c'est le seul des quelque 300 gadgets qui existent sur le marché qui peut avoir un certain succès.

Si les étapes précédentes n'ont pas réussi à enrayer les vibrantes émissions sonores, il reste à faire une étude du sommeil pour déterminer si le ronflement est simple ou s'il s'accompagne d'apnée du sommeil.

La chirurgie, l'ultime solution

Un ronflement sérieux sans apnée ni aucune autre cause déjà mentionnée est probablement dû à la vibration du voile du palais au passage de l'air. On peut alors proposer au patient une intervention chirurgicale qui se déroule sous anesthésie générale et qui consiste à enlever les portions de tissus vibrants, c'est-à-dire quelques millimètres du voile ainsi que la luette. Cette intervention s'appelle l'*uvulopalatopharyngoplastie* ou u.p.p. Si l'on décortique le mot, on retrouve *uvulo* pour luette, *palato* pour palais, *pharyngo* pour pharynx et *plastie* pour modeler. Depuis peu, cette intervention peut aussi être réalisée par rayon laser sous anesthésie locale.

C'est une chirurgie très délicate et elle ne peut convenir qu'à un certain type de ronfleurs. Le voile du palais et la luette aident à avaler et empêchent les sécrétions de tomber dans le nez.

Mais, sans luette, qu'arrive-t-il à la voix? Les structures internes étant généralement modifiées, l'air a plus de place pour circuler, ce qui amène, durant quelques semaines, un ton un peu nasillard qui se corrige vite.

Mais attention, ce ne sont pas tous les ronfleurs qui peuvent passer ainsi sous le bistouri. Les gens qui, par exemple, auraient un défaut au niveau de la cloison nasale sont écartés. On les opère plutôt dans le nez, pas dans la gorge.

Par ailleurs, une proportion élevée de ronfleurs font de l'apnée, laquelle est très facile à corriger. Lorsque l'on aspire l'air dans les poumons, il se crée une baisse de pression à la hauteur de la gorge. Chez les personnes souffrant d'apnée, cette pression négative suffit à coller ensemble les parois de la gorge, amollies par le relâchement nocturne du tonus musculaire, ce qui empêche l'entrée d'air. La solution? Dormir avec un masque relié à un compresseur d'air. Il est petit, portatif et très confortable de l'avis de ceux qui l'ont utilisé. Il procure un sentiment de sécurité au ronfleur ou à la ronfleuse, ainsi qu'à sa ou son partenaire.

DES RÊVES RÉVÉLATEURS

Certaines personnes rêvent souvent, d'autres rarement. Selon le psychologue Don Kuiken, de l'Université de l'Alberta, non seulement nos rêves en disent long sur notre personnalité, mais ils peuvent changer notre vie ! Le chercheur classe nos rêves en trois catégories : les rêves tristes, les rêves fantastiques et les cauchemars. M. Kuiken affirme que les gens qui font des rêves tristes ou angoissants sont généralement inquiets face à leur vie émotionnelle et sociale. Au contraire, ceux qui font des rêves fantastiques, presque magiques, décrivent leur vie comme satisfaisante. Selon le psychologue, les gens qui font plutôt des cauchemars ne font pas confiance aux autres ni à leurs propres émotions.

POURQUOI LES HOMMES S'ENDORMENT-ILS APRÈS L'AMOUR ?

Le magazine français *Elle* a répondu à l'interrogation d'une de ses lectrices à ce sujet. «Chaque fois, c'est la même chose. Le lit est dévasté, la pénombre moite à souhait et on est encore tout émoustillé par le torride corps à corps qui a précédé. On s'apprête à proposer une reprise à l'homme de sa vie, quand on se rend brusquement compte qu'il ronfle doucement à nos côtés. Du sommeil du travailleur de force après l'épreuve. On est furieuse. On a bien tort : c'est bio-lo-gi-que! Après l'orgasme, le cerveau masculin sécrète des peptides hypnogènes, une substance à effet hautement soporifique. Lot de consolation : on peut toujours tenter le 6 à 8. C'est-à-dire le réveiller avant l'aube, à l'heure où son taux de testostérone – l'hormone du désir – est au plus haut, et où il a donc le plus envie de nous. En théorie.»

AVANT DE CONSULTER
VOTRE MÉDECIN

Si tous les trucs et techniques que nous vous avons suggérés dans ce livre ne parviennent pas à vous endormir et à vous procurer un sommeil réparateur, il serait peut-être bon de consulter votre médecin et, sur son conseil, de voir un spécialiste. Mais avant de vous rendre à son bureau, faites le bilan de votre sommeil en répondant aux questions suivantes.

1- À quelle heure vous couchez-vous et à quelle heure vous réveillez-vous? Quelle est donc la durée de votre sommeil par nuit?

2- Combien de temps croyez-vous qu'il vous faut pour vous endormir après vous être mis au lit?

3- Vous réveillez-vous la nuit? Si oui, combien de temps vous faut-il pour vous rendormir?

4- Depuis quand n'avez-vous pas dormi une nuit entière sans vous réveiller?

5- Au réveil, vous levez-vous reposé ou aimeriez-vous rester au lit pendant quelque temps encore?

6- Au cours de la journée, passez-vous par des périodes de sommeil excessives?

7- Dormez-vous mieux ou moins bien qu'il y a un mois? qu'il y a un an?

8- Faites-vous une sieste au cours de la journée? Pendant combien de temps? Vers quelle heure?

9- Avez-vous déjà subi des traitements pour mettre fin à vos insomnies?

10- Vous a-t-on prescrit des médicaments? Quelle a été leur efficacité?

11- Avez-vous déjà utilisé des somnifères vendus sans ordonnance?

12- Avez-vous eu recours à d'autres remèdes traditionnels? Ont-ils été efficaces?

13- Que faites-vous habituellement avant de vous coucher?
Faites-vous de l'exercice?
Regardez-vous la télévision?
Lisez-vous?

14- Combien de cafés et de boissons alcooliques prenez-vous généralement pendant la journée?

15- Mangez-vous ou buvez-vous pendant la nuit?

16- Votre environnement est-il confortable (lit, oreiller, température, lumière, bruit)?

17- Vivez-vous des problèmes personnels qui troublent ou pourraient troubler votre sommeil?

18- Souffrez-vous de maladies qui pourraient troubler votre sommeil (ulcère, hyperthyroïdie, migraines, asthme, angine de poitrine)?

19- Ronflez-vous?

20- Votre conjoint s'est-il aperçu que votre respiration semble souvent s'arrêter pendant la nuit?

21- Votre conjoint se plaint-il de ce que vous lui donniez des coups de pied soudains pendant la nuit?

22- Le rythme de vos rêves a-t-il changé au cours des derniers mois? Quelle est la fréquence de vos cauchemars?

23- Existe-t-il des antécédents de désordres du sommeil dans votre famille?